Die besten rezepte
DER KANARISCHEN KÜCHE

Die besten rezepte
DER KANARISCHEN KÜCHE

Auswahl aus alten Rezepten für Hauptmahlzeit und Nachtisch der gesamten Kanarischen Inselgruppe

FELISA VERA
REMEDIOS SOSA
ANA LEAL
YURENA DIAZ

Tenerife: 922 82 78 00/82 20 00 // 922 82 78 01 (fax)
Gran Canaria: 928 39 00 80 // 928 39 00 67 (fax)

1. Auflage: 1993
2. Auflage: 1996
3. Auflage: 2000

Ins Deutsche übertragen von Sonja Cabrera González

Die Leiterin der Abteilung für Veröffentlichungen: C. Otero Alonso

Fotos des Umschlags: Roberto de Armas (überlassen vom Sozialwerk der Sparkasse "CajaCanarias")

Umschlagdesign: Centro de la Cultura Popular Canaria

Fotokomposition: *TALLER RELAX*
Urb. Guajara, 83
La Laguna. Santa Cruz de Tenerife

Druck: FARESO, S. A.
Paseo de la Dirección, 5
28039 Madrid

ISBN: 84-7926-108-0

Gesetzlich registriert unter Nr.: M. 16.049-2000

Zur Vorstellung

Diese "Auswahl aus alten Rezepten" für die Hauptmahlzeit und den langen spanischen Nachtisch soll den LiebhaberInnen der Inseln die Möglichkeit eröffnen, selber kanarisch zu kochen.

Zutaten und Zubereitungsweise sind von kanarischen Hausfrauen zusammengestellt nach der traditionellen Küche der Inseln mit einheimischen Kräutern, Gemüsesorten und – warum nicht auch – dem 'gofio', den schon die Ureinwohner (die Guanchen und die anderen Kanarier) aßen.

Die einfache Darstellung der spanischen Vorlage, für die einheimische Bevölkerung gedacht, die selbst allmählich alte Bräuche vergißt, wird auch den deutschsprachigen Benutzern entgegenkommen. Eine Übersicht über die wichtigsten einheimischen Wörter aus den Rezepten soll das Einkaufen der Zutaten erleichtern. Einige wenige kanarische Gefäße mögen den Reiz des Fremden erhöhen.

Die Rezepte – sofern nicht besonders vermerkt – sind für vier Personen gedacht.

Viel Spaß beim Besorgen, Kochen, Tischdecken mit den schönen kanarischen Stickereien und, nicht zuletzt, beim Essen, vielleicht noch begleitet von der schönen kanarischen Musik, wünschen Ihnen.

Die Verfasserinnen

SOPA DE MARISCOS
(Suppe aus Meeresfrüchten)

Zutaten

Es können verschiedene Sorten von Meeresfrüchten verwendet werden: Krebse, Muscheln, Meeresschnecken, Miesmuscheln und Kleinkrebse, außerdem sollte ein Fischkopf und ein wenig Fischfleisch nicht fehlen, 3 Tomaten, 1 Zwiebel, 1 Knoblauchzehe, Paprikapulver, Petersilie, einige Safranfäden, 1 große Paprikaschote, wilde Minze, 1 kleines Glas Reis, Speiseöl und Salz.

Zubereitung

Wenn wir einen Fischkopf und Fischfleich haben, so braten wir diese zunächst mit Öl an, zusammen mit der feingeschnittenen Zwiebel, Tomaten, Paprikaschote und Petersilie, alles, auch letztere, feingeschnitten.

Als nächstes zerstoßen wir im Mörser die Knoblauchzehe mit etwas Salz, Safran und einem Teelöffel Paprika und fügen diese Mischung zusammen mit den Meeresfrüchten den bereits angebratenen Zutaten zu. Ein wenig weiterschmoren lassen und dann in einen Topf mit Wasser geben und einen Zweig Minze zufügen.

Kurz durchkochen lassen und dann durchsieben. Zum Schluß den Reis, die Meeresfrüchte sowie den kleingeschnittenen Fisch zufügen und so lange kochen lassen, bis der Reis gar ist.

SOPA DE AJOS
(Knoblauchsuppe)

Zutaten

1 Knoblauchknolle, 1/2 großes Glas Speiseöl, 1 in Scheiben geschnittenes Weißbrot, 1 Ei pro Person und Salz.

Zubereitung

Wir zerstoßen den Knoblauch im Mörser und rösten ihn mit einem bißchen Öl in einem Topf an, wobei darauf zu achten ist, daß er nicht anbrennt.

Nun werden Wasser und Salz zugefügt und alles wird gut durchgekocht.

In der Zwischenzeit braten wir die Weißbrotscheiben in Öl golden an und legen diese in die Suppentassen; einen Augenblick bevor wir die Suppe vom Feuer nehmen, lassen wir pro Person ein ganzes Ei in die Brühe gleiten und füllen diese auf das Brot in die vorbereiteten Tassen.

PUCHERO
Kanarischer Eintopf

Zutaten

200 g Kichererbsen, 500 g Rindfleisch, 500 g Schweinefleisch, 1 kg Weißkohl, 200 g Kürbis, 1 Chayota, 200 g grüne Bohnen, 1 Maiskolben, 1 Süßkartoffel, 1 kg Kartoffeln, 2 oder 3 Birnen (serimeñas), 300 g Bubango (evtl. Zucchini verwenden), 1 Porreestange, 1 Knoblauchknolle, 1 Zwiebel, 1 Tomate, Safran, Thymian und Salz.

Zubereitung

Die Kichererbsen am Abend zuvor einweichen.

Am folgenden Tag stellen wir die Kichererbsen zusammen mit dem Fleisch und Wasser auf's Feuer und fügen außerdem die Porreestange, die Zwiebel und die Tomate, alles kleingeschnitten, sowie den Safran, die zerdrückten Knoblauchzehen und Salz zu.

Wenn das Fleisch schon fast gar ist, fügen wir das Gemüse, in große Stücke geschnitten zu; die Bohnen bleiben ganz und werden mit einem Faden gebündelt.

Wir lassen den Eintopf noch so lange auf der Flamme, bis alles gar ist.

Aus der Brühe läßt sich eine Suppe oder ein "escaldón" [1] zubereiten.

Das Gemüse wird in einer flachen Schale (ohne die Brühe) serviert und als Beilage kann ein Mojo de Cilantro [2] (Kanarische Soße mit Koriander) gereicht werden.

[1] Siehe Seite 36.
[2] Siehe Seite 26

ROPA VIEJA
("Alte Wäsche")

Zutaten

500 g Kichererbsen, 1 kg Kartoffeln, 500 g Schweine- oder Rindfleisch, 500 g Hühnerfleisch, 1 kleines Glas Wein, 2 Tomaten, 1 Zwiebel, 1 Paprikaschote, 3 Knoblauchzehen, Thymian, Lorbeerblätter, Safran, Petersilie, schwarzer Pfeffer, 1 Teel Paprikapulver und Salz.

Zubereitung

Die Kichererbsen am Abend zuvor einweichen.

Die eingeweichten Kichererbsen zusammen mit dem Fleisch und Salzwasser aufsetzen. Wenn das Fleisch gar ist, die Brühe abgießen und das Fleisch in kleine Stücke schneiden .

Danach schneiden wir die Zwiebel, Tomaten und Paprikaschote in kleine Stücke und zerstoßen im Mörser den Knoblauch mit 3 Pfefferkörnern, einem Teelöffel Paprika und etwas Salz und braten diese Mischung in Öl, bis die Zwiebeln glasig sind.

Danach den Weißwein, die gehackte Petersilie, den Thymian, ein Lorbeerblatt, die Kichererbsen und das Fleisch zufügen und nochmals gut durchkochen.

Zum Schluß die Kartoffeln in Würfel schneiden und roh braten oder frittieren und diese der "alten Wäsche" vor dem Servieren zufügen.

POTAJE DE LENTEJAS
(Linsensuppe)

Zutaten

500 g Linsen, 500 g Kürbis, 500 g Kartoffeln, 2 Maiskolben, 1 Stück Räucherspeck oder geräucherte chorizo, 1 Zwiebel, 2 oder 3 Tomaten, 3 Knoblauchzehen, 1 große Paprikaschote, Speiseöl, Safran, Paprikapulver und Salz.

Zubereitung

Die gewaschenen, am Vortag eingeweichten, Linsen mit Wasser aufsetzen. Danach den Kürbis, die Kartoffeln, die Maiskolben, die Zwiebeln, die Tomaten, die Paprikaschote, den Speck und den Knoblauch klein würfeln und zufügen. Zum Schluß noch ein kleines Glas Öl, etwas Salz, einen halben Teelöffel süßen Paprika sowie den Safran dazugeben und garen. Öfters umrühren.

POTAJE DE COLES VERDES
Grünkohlsuppe

Zutaten

1 Grünkohl, 500 g getrocknete rote Bohnen, 250 g gepökelte Schweinerippchen, 2 kg Kartoffeln, 1 Knoblauchknolle, Paprikapulver, 1 Zwiebel, 2 Tomaten, 1/2 große Paprikaschote, Salz und Speiseöl.

Zubereitung

Die am Vortag eingeweichten Bohnen mit Wasser und den Schweinerippchen aufsetzen.

Sobald das Wasser kocht, die Zutaten, den Grünkohl, Kartoffeln, die Zwiebel, die Tomaten und die Papriskaschote, kleingeschnitten hinzufügen; dazu die im Mörser gestoßenen und gemischten Knoblauchzehen, Salz, Paprikapulver und etwas Öl, also ein 'Majado', ebenfalls zufügen.

Die potaje wird erst dann von Feuer genommen, wenn alles gut gegart ist.

POTAJE DE JARAMAGOS
"Doppelsame" - Eintopf

Zutaten

500 g "jaramagos-Blätter", 2 kg Kartoffeln, 500 g Kürbis, 500 g weiße Bohnen, 500 g Schweinefleisch, 500 g Süßkartoffeln (Bataten), 500 g Ñamen (nach Belieben), 2 oder 3 Tomaten, 1 Zwiebel, 3 Knoblauchzehen, 1 Teel. Paprikapulver, Kümmel, Speiseöl, Safran und Salz.

Zubereitung

Die Bohnen und das Fleisch kochen. Die "jaramagos" extra kochen, damit der Eintopf nicht bitter wird.

Alle anderen Zutaten sowie die vorgekochten "jaramagos" kleinschneiden und den Bohnen zufügen, sobald diese halb gar sind. Nun geben wir noch ein kleines Glas Öl sowie die mit Kümmel, Salz und Safran im Mörser zerdrückten Knoblauchzehen zu und würzen mit einem Teel. Paprika und etwas Salz.

Solange durchkochen lassen, bis alle Zutaten gar sind.

POTAJE DE BUBANGOS
(Bubangosuppe)

Zutaten

3 Bubangos oder 7 Zucchinis, 250 g Kürbis, 2 Möhren, 1 kg Kartoffeln, 1 Zwiebel, 2 Koblauchzehen, 1 Maiskolben, Thymian, Speiseöl, Salz.

Zubereitung

Zunächst die in Stücke geschnittenen Bubangos, Möhren, Kürbis und Maiskolben mit Wasser und Kartoffeln, ebenfalls gewürfelt, aufsetzen.

Die Zwiebel und die Petersilie feinschneiden, den Knoblauch zerdrücken und zusammen mit etwas Thymian, Salz und Olivenöl in die Suppe geben und garen.

POTAJE DE ACELGAS
(Mangoldsuppe)

Zutaten

500 g Mangoldblätter, 250 g Kichererbsen, 500 g Kürbis, 1 kg Kartoffeln, 250 g gepökelte Schweinerippchen, 1 Maiskolben, 1 Zwiebel, 2 oder 3 Tomaten, 2 Knoblauchzehen, Safran, Paprikapulver, Speiseöl und Salz.

Zubereitung

Am Vorabend die Kichererbsen sowie die Schweinerippchen voneinander getrennt einweichen.

Einen Topf mit Wasser aufsetzen und sobald das Wasser kocht, die Kichererbsen, die Rippchen und das kleingeschnittene Gemüse zufügen. Zum Schluß etwas Salz, Safran, Paprika und Öl an die Suppe geben und garen.

POTAJE DE BERROS
Kressesuppe

Zutaten

500 g Kresse, 250 g weiße Bohnen, 1 1/2 kg Kartoffeln, 250 g gepökeltes Schweinefleisch, 1 Maiskolben, 1 Zwiebel, 1 Tomate, 2 oder 3 Knoblauchzehen, 1 große Paprikaschote, Safran und Speiseöl.

Zubereitung

Am Vortag die Bohnen und das gesalzene Schweinefleisch getrennt voneinander einweichen.

Am Kochtag die Bohnen mit Wasser aufsetzen und sobald das Wasser kocht, kurz abschrecken. Danach die kleingeschnittene Kresse, das Fleisch und den Maiskolben zufügen und etwas durchkochen lassen. Kartoffeln, Zwiebel, Tomaten, Paprikaschote kleinschneiden, den Knoblauch im Mörser pressen und zusammen mit einigen Safranfäden und etwas Olivenöl an die Suppe geben und garen.

Als Beilage ist es auf den Inseln üblich, einen guten “escaldón” (Rezept S. 36), ein Stück frischen Ziegenkäse und kleingeschnittene Zwiebeln zu reichen.

POTAJE DE LECHE
(Milchsuppe)

Zutaten

1 kg Süßkürbis (pantana), 1 kg Süßkartoffel, 500 g Kartoffeln, 1 oder 2 Maiskolben, 250 g Kürbis, Milch, 1 kleines Glas Reis, Zucker und Salz.

Zubereitung

Das kleingeschnittene Gemüse zusammen mit den Maiskörnern in ganz wenig Wasser dünsten und etwas Salz zufügen. In einem anderen Topf den Reis mit der doppelten Menge Wasser und etwas Milch garen.

Den fertigen Reis zum Gemüse geben und mit Milch auffüllen, bis alle Zutaten bedeckt sind, dann Zucker nach Geschmack zufügen. Sobald die Milch zu kochen beginnt, die Suppe vom Feuer nehmen, damit sie nicht gerinnt.

POTAJE DE GARBANZOS
Kichererbseneintopf

Zutaten

500 g Kichererbsen, 250 g gepökelte Schweinerippchen, 1 1/2 kg Kartoffeln, 1 Maiskolben, 1 Zwiebel, 1/2 Knoblauchknolle, 1 Teel. Paprikapulver und Salz.

Zubereitung

Am Vorabend der Zubereitung die Kichererbsen und die Schweinerippchen getrennt voneinander einweichen.

Am Tag der Zubereitung setzen wir die Kichererbsen zusammen mit den Schweinerippchen auf und fügen etwas später die kleingeschnittenen Kartoffeln, den ebenfalls kleingeschnittenen Maiskolben, die Zwiebel und den zerdrückten Knoblauch zu. Dann noch etwas Öl und einen Teelöffel Paprikapulver und mit Salz abschmecken. Garen.

ALMOGROTE
(Almogrote-Sauce)

Zutaten

500 g harter Käse, 500 g reife Tomaten, 6 Knoblauchzehen, 1 Pepperone, Speiseöl, Salz.

Zubereitung

Wir entfernen bei dem Pepperone die Fasern und die Kerne und zerstampfen ihn zusammen mit dem Knoblauch und dem Salz in einem Mörser.

Danach die Tomaten enthäuten und die Kerne entfernen. Die Tomaten mit einer Gabel gut zerdrücken und zu der Knoblauch-Pepperonemasse geben und gut mischen.

Den Käse reiben und ebenfalls mit der Masse vermischen und mit etwas Öl binden. Solange schlagen, bis eine homogene Sauce entsteht.

Es wird etwas dicker, als Vorspeise, mit Brot oder zu frischen Kartoffeln mit oder ohne Fleisch serviert. Auch zu Fleisch-Fondue ist es sehr schmackhaft.

MOJO DE QUESO
Käsesauce

Zutaten

500 g harter Käse, 4 Knoblauchzehen, 1 grüne Paprikaschote, Kümmel, Salz.

Zubereitung

Wir zerstoßen im Mörser etwas Salz, den Knoblauch mit einigen Kümmelkörnern, der Paprikaschote und dem Pepperone, bei welchem wir vorher die Kerne und die Fasern, entfernt haben, damit er nicht zu scharf ist; diese Mischung heben wir unter den zuvor geriebenen Käse.

Danach wird ein Schuß Wasser und, wenn man mag, ein Schuß Olivenöl zugefügt und alles gut verrührt, bis eine glatte Masse entsteht.

Schneller zubereiten läßt sich die Sauce, indem man alle Zutaten im Mixer zerkleinert und langsam Wasser zufügt, bis die gewünschte Konsistenz erreicht ist; in diesem Fall muß der Käse nicht vorher gerieben werden.

Sie wird als Vorspeise (etwas dicker) mit Brot oder zu frischen Kartoffeln mit oder ohne Fleisch, auch zu Fleisch-Fondue serviert.

MOJO COLORADO
(Rote Sauce)

Zutaten

3 oder 4 rote Pepperoni, eine kleine Knoblauchknolle, Kümmelkörner, Speiseöl, Essig, Paprikapulver und Salz.

Zubereitung

Die Kümmelkörner werden leicht angeröstet und im Mörser zerstoßen. Wir entfernen Samen und Venen der Pepperoni und zerstoßen diese zusammen mit dem Kümmel (falls getrocknete Pepperoni verwendet werden, diese erst in heißem Wasser aufweichen).

Wir fügen die Knoblauchzehen zu, die ebenfalls zerstoßen werden und geben danach ein kleines Glas Olivenöl, einen Schuß Essig und etwas Wasser an die Masse. Gut mischen und servieren!

Eine andere rote Sauce besteht aus kanarischem Safran, erhitzt, der mit in Öl eingeweichten Weißbrotkrumen, Knoblauch, Kümmel, Paprika und Salz zerstoßen wird. Zum Schluß fügt man einen Schuß Öl, Essig und einen Teel. Paprika zu, und rührt alles gut um.

Rote Sauce wird zu Fleisch oder Fisch serviert.

MOJO VERDE
(Grüne Sauce)

Zutaten

3 oder 4 grüne Paprikaschoten, eine kleine Knoblauchknolle, Kümmel, Petersilie, Speiseöl, Essig und Salz.

Zubereitung

Wir zerstoßen im Mörser einen Teel. Kümmel, die Knoblauchzehen und etwas Salz. Danach fügen wir die kleingehackte Paprikaschote und etwas zerhackte Petersilie zu und zerstoßen alles nochmals. Zum Schluß wird ein kleines Glas Öl, ein Schuß Essig und etwas Wasser zugefügt.

Wird zu Fisch oder Fleisch serviert.

MOJO DE CILANTRO
(Koriandersauce)

Zutaten

1 Knoblauchknolle, 1/2 grünen oder roten Pepperone, 1 Bund Koriander, Kümmel, 1 kleines Glas Speiseöl, Essig und Salz.

Zubereitung

Wir rösten den Kümmel kurz in einer Pfanne an, und zerstoßen ihn im Mörser mit den geschälten Knoblauchzehen, dem Koriander, der Pfefferschote und etwas Salz.

Danach fügen wir ein kl. Glas Olivenöl, einen Schuß Essig und einen Schuß Wasser zu.

Wird gerne zu Fisch serviert.

LENTEJAS COMPUESTAS
(Linseneintopf)

Zutaten

1 Pfund Linsen, 1 Zwiebel, 3 Tomaten, 3 Knoblauchzehen, 1 Paprikaschote, 1 Kleines Glas Wein, 200 g Speck, 1 Ei pro Person, chorizo, schwarzer Pfeffer, Thymian, Lorbeer, Paprikapulver und Salz.

Zubereitung

In einem Topf bringen wir den kleingeschnittenen Speck zusammen mit den verlesenen Linsen und etwas Wasser zum Kochen, wobei darauf zu achten ist, daß das Wasser nicht verkocht und die Linsen anbrennen.

Währenddessen bereiten wir in einer Pfanne die 'fritura', d.h. Zwiebeln anbraten und die Tomaten und die kleingeschnittene Paprikaschote hinzufügen. Dann geben wir die zerdrückten Knoblauchzehen, Pfeffer, etwas Salz, Thymian, Lorbeer, die kleingeschnittene chorizo und den Weißwein hinzu und lassen alles etwas schmoren.

Diese fritura fügen wir den Linsen bei und lassen alles in Topf schmoren, bis die Linsen gar sind.

Wir servieren die Linsen mit in Scheiben geschnittenen, hartgekochten Eiern (1 Ei pro Person) und in der Pfanne leicht gerösteten Brotscheiben.

CALDO DE PAPAS Y HUEVO
(Brühe mit Kartoffeln und Ei)

Zutaten

2 kg Kartoffeln, 1 Zwiebel, 2 Tomaten, 2 Knoblauchzehen, 1 Porreestange (nach Wunsch), 1 Ei pro Person, Petersilie, Koriander, Paprikapulver, Safran, 1 kleines Glas Speiseöl und Salz.

Zubereitung

Wir schneiden die Kartoffeln, die Zwiebeln, Tomaten, Porrestange und Petersilie in kleine Stücke und braten sie in einem Topf mit dem Öl, etwas Safran, ein wenig Koriander, einem Teel. Paprikapulver und den mit etwas Salz zerdrückten Knoblauchzehen an.

Danach fügen wir soviel Wasser zu, bis die Kartoffeln bedeckt sind. Wenn die Kartoffeln gar sind, fügen wir die ganzen Eier zu, zerschlagen aber nur eins davon.

PAPAS CON PIÑAS Y COSTILLAS
(Kartoffeln mit Maiskolben und Schweinerippchen)

Zutaten

2 kg Kartoffeln, 1 kg gepökelte Schweinerippchen und 4 oder 5 zarte Maiskolben.

Zubereitung

Die Rippchen werden am Vortag eingeweicht.

Am Vorbereitungstag setzen wir die Rippchen mit den in Stücke geschnittenen Maiskolben in etwas Wasser auf.

Vor Garwerden der Rippchen und Maiskolben die geschälten, ganzen oder geteilten Kartoffeln zufügen und alles zusammen garen, abtropfen und servieren.

Dies ist ein sehr schmackhaftes Gericht; wir können es jedoch noch verbessern, indem wir eine Koriandersoße, gofio-Bällchen und einen guten Land wein dazu reichen.

PAPAS VIUDAS
(Verwitwete Kartoffeln)

Zutaten

1,5 kg Kartoffeln, 3 Tomaten, 2 Zwiebeln, 1 Paprikaschote, 6 Knoblauchzehen, 1 Ei pro Person, Weißwein, Petersilie, Thymian, Lorbeer und Salz.

Zubereitung

Die geschälten und in Scheiben geschnittenen Kartoffeln werden in Salzwasser gekocht.

Währenddessen bereiten wir in einer Pfanne die 'fritura', d.h. die kleingeschnittenen Zwiebeln glasig braten und die kleingeschnittenen Tomaten, Paprikaschote, Thymian, Lorbeerblätter, Petersilie, und die zerdrückten Knoblauchzehen hinzu fügen. Schmoren lassen.

Dann ein Glas Weißwein zufügen und über die abgetropften Kartoffeln geben. Einmal aufkochen lassen und mit hartgekochten Eiern servieren.

Auf diese Art lassen sich auch grüne Erbsen gut zubereiten.

PAPAS ARRUGADAS
(Runzlige Kartoffeln)

Zutaten

2 kg Kartoffeln (nicht zu groß), 5 Handvoll Salz, 1 Kohlblatt.

Zubereitung

Die Kartoffeln gut waschen und nicht ganz mit Wasser bedeckt aufsetzen. Das Salz hinzufügen und mit dem Kohlblatt abdecken.

Wenn die Kartoffeln gar sind, das Wasser abgießen und das Kohlblatt entfernen. Etwas über dem Feuer trocknen.

Papas arrugadas werden sehr häufig, lieber als gekochte Kartoffeln, zu jedem Fisch und Fleisch serviert. Sehr beliebt ist die Verbindung mit 'viejas' (s. S. 53).

CHAYOTAS RELLENAS
(Gefüllte Chayoten)

Zutaten

5 Chayoten, 500 g Hackfleisch, entkernte Oliven, Knoblauchzehen, 1 kleines Glas Milch, ein Stück Brot, 2 hartgekochte Eier, schwarzer Pfeffer, Petersilie, 1 Zwiebel, 3 Tomaten, Paprikapulver, Wein und Salz.

Zubereitung

Die geschälten und vom Kern befreiten Chayoten in Salzwasser aufsetzen und garen. Nicht zu weich werden lassen, abtropfen.

Für die Füllung mischen wir das Hackfleisch mit Petersilie, den hartgekochten Eiern, Oliven und Knoblauchzehen (alles sehr kleingehackt) und fügen das in Milch eingeweichte Brötchen und Pfeffer zu. Die Masse in etwas Öl anbraten und in die Chayoten, die an der Füllstelle mit verschlagenem Ei bestrichen und mit Mehl bestäubt wurden, füllen. Mit einem Zahnstocher zusammenstecken und braten.

Für die Sauce schmoren wir in einem größeren Topf die kleingeschnittenen Tomaten, die Zwiebel, die zerdrückten Knoblauchzehen, einen Teel. Paprikapulver, ein kleines Glas Weißwein und etwas Füllung in ein wenig Öl und fügen etwas Wasser zu.

Wenn die Sauce fast fertiggeschmort ist, setzen wir die Chayoten hinein, und lassen alles nochmals 4 bis 5 Minuten durchschmoren.

MORCILLAS
(Blutwurst)

Zutaten

Schweineblut, 500 g Rosinen, 500 g Mandeln, 500 g Zucker, 250 g Paniermehl, Anis, Zimt, Zitronenschale, Muskatnuß, 2 Bündel Petersilie und Eingeweidefett.

Zubereitung

Für die Zubereitung brauchen wir ein 'lebrillo' (s. Übersicht S. 93). In diese schütten wir das Schweineblut und geben die übrigen Zutaten hinein: die Rosinen, die geschälten und gemahlenen Mandeln, das Brot und das Eingeweidefett. Erst zum Schluß kommen der mit dem Zimt vermengte Zucker, geraspelte Zitronenschale, Muskatnuß, Anis und die Petersilie dazu.

Alle Zutaten werden gut mit dem Blut vermischt. Danach wird die Masse in Därme gefüllt und abgebunden. Nicht vergessen, die Würste mit einer dicken Nadel anzustechen und in reichlich Wasser zu kochen. Aus dem Wasser nehmen, abtropfen und an der Luft trocknen lassen.

So sind die Würste lange haltbar. Vor dem Servieren in heißem Öl braten.

ESCACHO
(Gofio-Gericht)

Zutaten

1 kg Kartoffeln, 1 kg gofio, 250 g harten, geriebenen Käse, grüne Sauce (mojo verde) und Salz.

Zubereitung

Wir kochen die geschälten Kartoffeln mit Salz.

Sobald diese gar sind, werden sie abgegossen, zerstoßen und mit grüner Sauce vermischt (Rezept f. grüne Sauce s. S. 25).

Die Mischung muß ziemlich flüssig werden, da noch der gesamte gofio beigemischt wird.

Vor Fertigstellung der Masse kneten wir den geriebenen Käse unter und formen eine Kugel. Wenn die Kugel zum sofortigen Verzehr bestimmt ist, kann auch noch kleingeschnittene Zwiebel untergeknetet werden.

Escacho ist ein beliebter Proviant für Jäger und Wanderer.

ESCALDON
(Gofio-Gericht)

Zutaten

Gofio, 500 g Schweinefleisch, 1 Tomate, 2 Kartoffeln, 1 Zwiebel, 3 Knoblauchzehen, Thymian, Lorbeer, 1 Teel. Paprikapulver, Speiseöl und Salz.

Zubereitung

Das Fleisch wird zusammen mit den Kartoffeln, den ganzen Tomaten und der Zwiebel mit Wasser aufgesetzt. Wir fügen die zerdrückten Knoblauchzehen, etwas Salz, Thymian, Lorbeer, einen Teel. Paprika und einen Schuß Öl zu und garen alles, bis das Fleisch weich ist und die Brühe etwas an Geschmack gewonnen hat.

In eine Schüssel wird gofio gegeben und mit den zerstampften Kartoffeln und der Brühe verknetet. Die Menge gofio bestimmnt man nach Wunsch. Zum Schluß wird das Fleisch in kleine Stücke geschnitten und über der Masse verteilt. Man serviert das Ganze mit grüner Sauce.

Der escaldón kann auch mit der Brühe von Gemüseeintopf (puchero) oder von anderem Eintopf angerichtet werden.

POLINES

Zutaten

Grüne oder leicht angereifte Bananen, grüne Sauce und Salz

Zubereitung

Wir schneiden die ungeschälten Bananen an beiden Enden ab und schlitzen sie seitlich auf. Danach kochen wir sie in Salzwasser, bis sie weich sind (Gabelprobe).

Die "polines" serviert man mit grüner Sauce oder fritierten Knoblauchzehen zu gebratenem Salzfisch mit Salzkartoffeln und einer "pella" de gofio.

"Pella" de gofio: Gofio wird mit etwas Wasser, Salz und ein wenig Öl verknetet. Die Masse formen und in Scheiben schneiden.

ACEITUNAS CON MOJO
(Marinierte Oliven)

Zutaten

2 kg Oliven, 1 Knoblauchknolle, 1 roter Pepperone, Paprikapulver, Kümmel, Petersilie, Essig, Speiseöl, Oregano und Thymian.

Zubereitung

Die Oliven gut waschen und in ein großes Glas füllen. Die zerdrückten Knoblauchzehen, etwas Salz, Petersilie, Pfefferschote, eine Messerspitze Kümmel und Paprika zufügen. Mit einem Schuß Öl, Wasser und Essig mischen und mit Oregano und Thymian bedecken. Mehrere Tage stehenlassen und vor dem Servieren umrühren.

MOJO COCHINO
(Schweinegulasch mit Innereien)

Zutaten

Innereien vom Schwein, 500 g Schweinefleisch, 250 g Speck, 1 Knoblauchknolle, 3 Zwiebeln, 3 Tomaten, Gewürznelken, schwarzer Pfeffer, 1 Glas Weißwein, 1/2 rote Pepperone, Essig, Paprikapulver, Lorbeer, Oregano, Thymian, Petersilie, 150 g Rosinen und 150 g Mandeln.

Zubereitung

Wir schneiden die Innereien in kleine Stücke und braten diese an, ebenso verfahren wir mit dem Fleisch und dem Speck.

Im Anbratöl werden nun die Zwiebeln, die kleingeschnittenen Tomaten, zerdrückten Knoblauchzehen, 3 Gewürznelken, 3 Pfefferkörner und die kleingeschnittene Pfefferschote geschmort.

Wir fügen dieser Gemüsemasse einen Eßl. Paprikapulver, den Weißwein, einen Schuß Essig und etwas Wasser zu und bringen das ganze zum Kochen. Diese Masse geben wir anschliessend zum Fleisch. Wir salzen ein wenig und fügen etwas Thymian, Lorbeer, Oregano sowie die Mandeln und Rosinen hinzu. Alles gut durchkochen.

PAPAS CON CARNE
(Kartoffeln mit Fleisch)

Zutaten

1 kg Schweine- oder Kalbfleisch, 2 kg Kartoffeln, 2 Möhren, 1 Zwiebel, 2 Tomaten, 1 Knoblauchkonlle, 1 Paprikaschote, Lorbeer, Thymian, Paprikapulver, 1 kleines Glas Weißwein, Speiseöl und Salz.

Zubereitung

Das Fleisch in kleine Stücke schneiden und anbraten.

Zwischenzeitlich bereiten wir eine 'fritura', indem wir die Zwiebel glasig braten und und die kleingeschnittenen Tomaten, die Paprikaschote, die zerdrückten Knoblauchzehen, das Paprikapulver, Lorbeer, Thymian und Oregano zufügen, alles eine Weile schmoren lassen und den Wein zugeben.

Danach füllen wir das Fleisch zusammen mit dieser 'fritura' und den kleingeschnittenen Möhren in einen Topf mit etwas Wasser und lassen das Gericht halbgar schmoren. Nun fügen wir die halbierten, geschälten Kartoffeln hinzu (wenn die Kartoffel sehr klein sind, kann man sie auch ungeteilt dazugeben) und nehmen das Gericht vom Feuer, sobald alle Zutaten gar sind. Nach Belieben einige Rosinen beifügen.

CARNE DE COCHINO EN ADOBO
(Eingelegtes Schweinefleisch)

Zutaten

2 kg Schweinefleisch, 2 Knoblauchknollen, 1 roten Pepperone, schwarzer Pfeffer, Paprikapulver, Speiseöl, Essig, Lorbeer, Oregano, Thymian und Salz.

Zubereitung

Wir schneiden das Fleisch in Stücke und legen es in die wie folgt hergestellte Sauce ein:

Wir zerdrücken die Knoblauchzehen mit der Pfefferschote (die vorher in heißem Wasser eingeweicht wurde) und fügen etwas Salz und schwarzen Pfeffer zu. Danach mischen wir einen Teel. Paprika, etwas Oregano, Lorbeer und Thymian unter und binden alles mit einem Schuß Öl und einem kl. Glas Essig.

Das Fleisch muß ca. 12 Stunden lang in dieser Sauce mariniert werden, danach wird es gebraten und kann serviert werden.

CARNE MECHADA
(Gespickter Rinderbraten)

Zutaten

2 kg Rindfleisch in einer Kugel, 250 g Speck, 1 Zwiebel, 2 Knoblauchknollen, Petersilie, Paprikapulver, Speiseöl, 3/4 l Wein, 250 g gemahlene Mandeln, Gewürznelken, schwarzer Pfeffer, Lorbeer, Thymian und Salz.

Zubereitung

Man zerstößt im Mörser eine Knoblauchknolle, einige Pfefferkörner, Gewürznelken, eine Handvoll Salz, einen Teel. Paprika, etwas Petersilie und die gemahlenen Mandeln solange, bis alles gut und zerstoßen ist.

Nun schneiden wir den Speck in Streifen, wälzen diesen in der Gewürzmasse und spicken das Fleisch mit Hilfe eines Spickmessers, Schere oder anderen hierzu geeigneten Werkzeugen. Die Speckstreifen müssen durch die ganze Kugel geschoben werden. Dann wird das Fleisch in etwas Öl rundherum angebraten.

In einem anderen Topf erhitzen wir etwas Wasser und fügen die kleingeschnittene Zwiebel, die übriggebliebene Knoblauchknolle (zerdrückt), Thymian, Weißwein und etwas Salz zu. Num geben wir das Fleisch in den Topf und lassen es bis zum Ende der Garzeit gut schmoren.

PATA DE COCHINO ASADA
(Gebratene Schweinskeule)

Zutaten

1 Schweinskeule, 2 oder 3 Knoblauchknollen, schwarzer Pfeffer, 1 Zitrone, 1 kleines Glas Wein, 2 Zwiebeln, Muskatnuß, Paprikapulver und Oregano.

Zubereitung

Zunächst wird die Keule enthäutet.

Im Mörser zerstoßen wir dann Knoblauchzehen, Paprika, schwarzen Pfeffer, Muskatnuß, Oregano und etwas Salz; wenn alles fein zerstoßen ist, fügen wir einen Schuß Öl, den Weißwein und den Saft der Zitrone zu.

Die Keule wird in dieser Sauce mariniert und mit Zwiebelscheiben bedeckt.

Wir lassen die Keule eine Nacht lang in der Marinade und backen sie dann im Ofen.

CONEJO EN SALSA
(Kaninchen in Sauce)

Zutaten

1 Kaninchen, 3 oder 4 Eßl. rote Sauce (mojo colorado), 1 kleines Glas Wein, 1 Tomate, 1 Knoblauchknolle, 1 Zwiebel, 100 g Mandeln, 1/2 Brötchen, Petersilie, Thymian, Oregano und Salz.

Zubereitung

Das in Stücke geteilte Kaninchen in der Pfanne anbraten, in einen Topf geben und dann die rote Sauce, etwas Thymian, Oregano und den Wein zufügen.

Wir fügen noch etwas Wasser und Salz und etwas Öl, in dem vorher das Kaninchenfleisch gebraten worden ist, zu und lassen alles bei kleiner Flamme schmoren, bis die Sauce dickflüssig ist. Vor dem Servieren geben wir noch in Würfel geschnittene und fritierte Kartoffeln dazu.

CONEJO EN SALMOREJO
(In "salmorejo"eingelegtes Kaninchen)

Zutaten

1 Kaninchen, 2 Knoblauchknollen, 1 roten Pepperone, Paprikapulver, Essig, Speiseöl, Kümmelkörner, Petersilie, Oregano, Thymian und Salz.

Zubereitung

Das in Stücke geteilte Kaninchen wird eine Nacht lang in folgende Marinade, 'salmorejo', gelegt:

Zerdrückte Knoblauchzehen, Petersilie, Oregano, Thymian, Paprika und etwas Salz, im Mörser zerstoßen und mit einem Schuß Öl und etwas Essig mischen.

Am Zubereitungstag braten wir das Kaninchen und bereiten eine Sauce aus der Pfefferschote, 3 Knoblauch-zehen, Kümmel, etwas Salz, Essig und Öl zu. Diese Sauce gießen wir über das fertiggebratene Kaninchen.

Kaninchen in "salmorejo" serviert man mit "papas arrugadas" (Runzlige Kartoffeln s. Seite 31).

CABRITO AL HORNO
(Gebratenes Zicklein)

Zutaten

1 Zicklein, 4 Tomaten, 2 grüne Paprikaschoten, 2 Knoblauchknollen, 1 Porreestange, Petersilie, Lorbeer, Thymian, schwarzer Pfeffer, 1/2 Glas Angebratenes Öl, 2 Glas Wein, 1 kleines Glas Essig und Salz.

Zubereitung

Das in Stücke zerteilte Zicklein wird auf einem Blech in eine Marinade aus zerstoßenen Knoblauchzehen mit schwarzem Pfeffer gelegt; dazu kommen Oregano, Thymian, Lorbeer und Essig. Soll der Braten nicht zu fett ausfallen, so ist es ratsam, das Fleisch einen ganzen Tag in der Marinade zu belassen.

Das gut abgetropfte Zicklein mit Salz, den enthäuteten und entkernten Tomaten, den gewürfelten Paprikaschoten, Lorbeer, Thymian, Petersilie und kleingeschnittenen Porree in den Ofen schieben.

Zum Schluß fügen wir noch das Öl und den Wein zu und lassen das Zicklein gut bräunen.

CABRITO COMPUESTO
(Zickleingulasch)

Zutaten

1 Zicklein, 1 Glas Wein, 1 Knoblauchknolle, 1/2 Brötchen, 100 g Mandeln, Kümmel, schwarzer Pfeffer, Safran, Essig und Salz.

Zubereitung

Das in Stücke zerteilte Zicklein wird eine Stunde lang mit Wein und Salz mariniert.

Danach wird es durchgebraten und in einen Topf gefüllt. Im Bratfett rösten wir nun die Knoblauchzehen, das in Stücke geschnittene Brötchen, und die ungeschälten Mandeln. Anschließend werden, Kümmel und 7 oder 8 Pfefferkörner zerstoßen und mit dem gebratenen Gemisch im Mörser zerrührt.

Das Zickleinfleisch wird in seinem Bratfett, einem Glas Wasser, etwas Essig und Safran, sowie dem zerstoßenen Gemisch bei mittlerem Feuer ½ bis ¾ Stunde gekocht.

SANCOCHO
(Sancocho)

Zutaten

1,5 kg eingesalzener Fisch, 2 kg Kartoffeln, 1 Zwiebel, Petersilie oder frischer Koriander und Salz.

Zubereitung

Alles überschüssige Salz vom Fisch abklopfen und ihn am Vortag über Nacht einweichen, das Einweichwasser muß mehrmals gewechselt werden.

Der in Stücke zerteilte Fisch wird dann zusammen mit den geschälten und ebenfalls zerteilten Kartoffeln, etwas Salz, Petersilie oder Koriander und der ganzen Zwiebel gekocht.

Gut abtropfen lassen und mit roter Sauce und einer “pella” gofio (s. Seite 37) servieren.

Der Sancocho kann auch so zubereitet werden, daß man einen Teil der Kartoffeln durch Bataten (Süßkartoffeln) ersetzt.

COMPUESTO DE LAPAS
(Angerichtete 'Schüsselschnecken')

Zutaten

Schüsselschnecken (Muscheln der Sorte "lapas"), Paniermehl, Paprikapulver, schwarzer Pfeffer, Petersilie, Essig oder Zitrone, Speiseöl und Salz.

Zubereitung

Die Schüsselschnecken mit einem Messer aus ihrer Schale schaben und sie in einen Topf oder eine feuerfeste Form füllen.

Die Schnecken anschließend mit Paniermehl, klein gehackter Petersilie, schwarzem Pfeffer und einem Teel. Paprika bestäuben.

Zum Schluß noch einen Schuß Öl und einen Schuß Essig oder Zitrone und etwas Salz darübergießen und auf dem Feuer garen.

Der Topf mit den 'lapas' bleibt solange über der Flamme, bis sie weich sind.

Wird als zweites Gericht oder als Vorspeise serviert.

CAZUELA
(Fischtopf)

Zutaten

1 kg Fisch, 1 kg Kartoffeln, 2 oder 3 Tomaten, 1 Zwiebel, 1 Knoblauchknolle, 1 Paprikaschote, Speiseöl, Koriander oder Petersilie, Safran, wilde Minze, Paprikapulver und Salz.

Zubereitung

Wir schmoren in einem Topf die gehackte Zwiebel und die kleingewürfelten Tomaten in etwas Olivenöl und fügen dann den mit dem Kümmel und etwas Salz zerdrückten Knoblauch, die in Scheiben geschnittene Paprikaschote, den Koriander oder die Petersilie, Safran, wilde Minze, 1 Teel. Paprika und die zerteilten Kartoffeln zu.

Danach mit Wasser auffüllen und aufkochen, und den Fisch, der zuvor in Scheiben geschnitten wurde, dazugeben und alles zusammen garen.

Der abgetropfte Fisch wird zusammen mit den Kartoffeln in einer flachen Schüssel serviert.

Die Brühe wird für Suppe und den “escaldón” verwendet.

Die Suppe richten wir mit etwas wilder Minze und Brotscheiben an.

Für den “escaldón” mischen wir die kochende Brühe mit gofio, je nach Geschmack können auch ein paar Kartoffeln aus dem Fischtopf zugefügt werden.

Der Fischtopf kann auch mit grüner Sauce (mojo verde) serviert werden.

TOLLOS
(Hausen)

Zutaten

1 kg tollos [1], 1 Knoblauchknolle, kanarischer Safran, Kümmel, Speiseöl, Essig, 1 roten Pepperone, Paprikapulver und Salz.

Zubereitung

Die "tollos" in kleine Stücke schneiden und über Nacht einweichen.

Für die Zubereitung werden die "tollos" gewaschen und in Wasser gekocht, bis sie weich sind. Die "tollos" abtropfen und mit etwas Kochwasser, einem kleinen Glas Öl, einem kleinen Glas Essig, zerdrückten Knoblauchzehen, einer Messerspitze Kümmel, etwas Safran, einem Teel. Paprika, dem Pepperone und etwas Salz aufsetzen. Es kann auch etwas Paniermehl zum Andicken zugesetzt werden.

Alles einige Minuten durchkochen und servieren.

[1] Sprich: [tóljos].

VIEJAS SANCOCHADAS
(Fischtopf 'aus viejas')

Zutaten

1 kg 'viejas', 1 Zwiebel, 1 Tomate, 1 grüne Paprikaschote, 1 Zitrone, Petersilie, Safran, Speiseöl und Salz.

Zubereitung

Viejas sind eine beliebte einheimische Fischart.

Säubern Sie die 'viejas' und kochen Sie sie in Salzwasser. Damit das Gericht schmackhafter wird, fügen Sie dem Kochwasser die Zwiebel, die Tomate, etwas Safran, Petersilie und einen Schuß Öl zu.

Die gegarten "viejas" werden mit Zitronenscheiben und einem scharfen "mojo" (s. Seite 21) serviert oder nach Belieben mit Essig und Öl.

Ebenso ist es üblich, Kartoffeln im Sud mitzukochen und als Beilage zum Fisch zu reichen.

COMPUESTO DE SAMA
Fischtopf aus “Rotbrasse”

Zutaten

1 kg Rotbrasse, 2 Zwiebeln, 2 Tomaten, 1 grüne Paprikaschote, 3 Knoblauchzehen, Petersilie, Kümmel, Thymian, Lorbeer, Weißwein, Speiseöl und Salz.

Zubereitung

Den Fisch schuppen und ausnehmen.

Wir bereiten aus der in Scheiben geschnittenen Zwiebel, den Tomaten und dem gewürfelten Paprika, einem Glas Weißwein, der gleichen Menge Öl und Wasser, den zerdrückten Knoblauchzehen, etwas Salz, Petersilie und einer Messerspitze gerösteten Kümmels einen Sud, dem wir zum Schluß noch etwas Thymian und ein Lorbeerblatt zufügen, und garen den Fisch hierin auf kleiner Flamme.

PESCADO EN ESCABECHE
(Fisch in pikanter Sauce)

Zutaten

1 kg Fisch, 1/2 hartes Brötchen, 1 Knoblauchknolle, 1 rote Pepperone, 1 Teel. Paprikapulver, Speiseöl, Essig (oder Weißwein), Wasser, Thymian, Lorbeer, Oregano und Salz.

Zubereitung

Den Fisch in Stücke schneiden, etwas salzen und in der Pfanne braten, dann in einen Topf geben. Im Bratfett bräunen wir die Knoblauchzehen und das gewürfelte Brötchen mit ein wenig Essig.

Zerstoßen Sie nun die Knoblauchzehen zusammen mit etwas Pfeffer und Salz sowie dem vorher in heißem Wasser eingeweichten Pepperone im Mörser, geben Sie die gerösteten Brotstückchen dazu und geben Sie diese Masse wieder zum Bratfett in die Pfanne. Mit etwas Wasser auffüllen und Paprika, Thymian, Lorbeer und Oregano zufügen.

Einige Minuten durchkochen lassen und dann über den Fisch gießen. Nochmals einige Minuten ziehen lassen.

Zu diesem Gericht reicht man 'Runzlige Kartoffeln' oder im Fischsud mitgekochte Kartoffeln; es schmeckt besser, wenn man es am Vortag zubereitet.

PESCADO AL HORNO
(Fisch aus dem Ofen)

Zutaten

1,5 kg Fisch, 2 Zwiebeln, 1 Paprikaschote, 1 Zitrone, Wein, Speiseöl, Salz, Petersilie, 2 oder 3 Knoblauchzehen, Tymian, Lorbeer und Muskatnuß.

Zubereitung

Den Fisch entweder ganz lassen oder ohne ihn zu teilen mehrmals einschneiden und salzen.

Belegen Sie nun ein Ofenblech mit der in Scheiben geschnittenen Zwiebel und dem ebenfalls in Scheiben geschnittenen Paprika.

Legen Sie den Fisch auf das Gemüse und belegen Sie das ganze mit Zitronenscheiben, gehacktem (oder zerdrücktem) Knoblauch, gehackter Petersilie, Thymian, Lorbeer und Muskatnuß. Zum Abschluß fügen Sie einen Schuß Öl und ein Glas Wein zu. In den Ofen schieben und garen.

Der Fisch wird mit Salzkartoffeln serviert.

PESCADO ENCEBOLLADO
(Fisch in Zwiebeln)

Zutaten

2 kg Fisch, 3 Zwiebeln, 1 Paprikaschote, 1 Knoblauchknolle, 1 getrockneten roten Pepperone, Essig, Öl, Salz, Thymian, Lorbeer, Oregano, Paprikapulver, Mehl, 6 Scheiben hartes Weißbrot und Oliven.

Zubereitung

Den Fisch in Scheiben schneiden, salzen und in Mehl panieren. Der Pepperone wird in etwas kochendem Wasser aufgeweicht und zusammen mit dem gerösteten Brot und dem Knoblauch im Mörser zerstoßen.

Währenddessen rösten wir in einer Pfanne mit etwas Öl die Knoblauchzehen und die Brotscheiben. Dann braten wir den Fisch in diesem Öl und füllen die Scheiben in einen Topf.

Immer im gleichen Öl werden nun die in Scheiben geschnittenen Zwiebeln und der Pepperone gebraten, dann fügen wir die Knoblauchmischung, 1 Teel. Paprika, Thymian, Lorbeer, Oregano, ein kleines Glas Essig und die gleiche Menge Wasser zu und lassen das Ganze kurz über der Flamme aufkochen.

Anschließend gießen wir die Mischung über den Fisch und lassen diesen einige Minuten über der Flamme im Sud ziehen. Vom Feuer nehmen und mit Oliven garnieren.

FRANGOLLO
(Maisgriesspudding)

Zutaten

500 g Maisgrieß, 3 l Wasser, 2 Eigelb, 250 g Zucker, 3 Essl. Butter, 200 g Rosinen, etwas grüne Zitronenschale, Anis und Stangenzimt.

Zubereitung

Den Maisgrieß vor der Zubereitung waschen. Mit den 3 l Wasser, dem Zimt, der Zitronenschale und etwas Anis aufsetzen.

Auf kleiner Flamme, unter ständigem Rühren kochen lassen, bis die Masse cremig wird. Nun die Rosinen, die Butter und das Eigelb unter raschem Schlagen zufügen. Vom Feuer nehmen und in eine Schüssel gießen.

Man serviert den “frangollo” kalt, mit gesüßter Milch oder Honig.

Das Wasser kann auch durch Milch ersetzt werden.

ARROZ CON LECHE
(Milchreis)

Zutaten

1 Tasse Reis, 4 Tassen Milch, 4 Eßl. Zucker, etwas grüne Zitronenschale, gemahlener und Stangenzimt.

Zubereitung

Die Milch mit dem Stangenzimt und dem Zucker aufsetzen.

Sobald die Milch kocht, fügen wir den Reis und die Zitronenschale zu, der Reis muß ständig gerührt werden, damit er nicht ansetzt.

Nehmen Sie den Topf von der Flamme, sobald der Reis gar ist und servieren Sie ihn mit Zimt bestreut.

Auf diese Art lassen sich auch **Milchnudeln** zubereiten.

CABELLO DE ANGEL
(Engelhaar)

Zutaten

"Pantana"-Kürbis, reif aber mit harter Schale, Stangenzimt und geriebene Zitronenschale.

Zubereitung

Wir kochen die von der Schale befreite, entkernte und zerkleinerte "pantana" in reichlich Wasser. Sobald sie weich ist, zermatschen wir sie und waschen sie 2 oder 3 Mal gut durch; danach wird sie gewogen.

Wir geben in den Topf die gleiche Menge Zucker wie "pantana", Zimt und Zitronenschale und fügen 2 Glas Wasser auf 1 kg pantana zu. Die Konfitüre muß unter ständigem Rühren kochen, bis sie eine goldene Farbe annimmt. Danach nehmen wir sie vom Feuer und lassen sie erkalten.

Wird allein mit etwas geschälten und gerösteten Madeln serviert aber ist auch als Füllung für Blätterteig und andere Kuchen beliebt.

REBANADAS DE CARNAVAL
(Karnevalsschnitten)

Zutaten:

1 bis zwei harte spanische Weißbrote, 1/2 l Milch, 200 g Zucker, 3 Eier, Anis, die geriebene Schale einer Zitrone und gemahlener Zimt.

Zubereitung

Zunächst werden die Eier geschlagen, dann fügen wir die Milch, Anis, Zitronenschale und Zimt zu und schlagen alles noch einige Minuten. Wir tauchen das in Scheiben geschnittene Brot in die Eiermilch und braten es goldbraun. Die fertigen Karnevalsschnitten richten wir auf einem Teller an und bestreuen sie mit Zucker.

Eine weitere Art der Zubereitung besteht darin, die Milch zusammen mit dem Zucker, Stangenzimt und Zitronenschale aufzukochen und die Brotscheiben zuerst in die gewürzte Milch und danach in das verschlagene Ei zu tauchen. Danach wie oben goldbraun braten.

SOPAS DE MIEL
(Brot in Honigsuppe)

Zutaten

2 harte spanische Weißbrote, 500 g Honig, 250 g Mandeln, Anis, geriebene Zitronenschale und Stangenzimt.

Zubereitung

Wir rösten die Mandeln und zerhacken sie. In einem flachen Topf erhitzen wir den Honig, einen Teel. Anis, die Zitronenschale und den Stangenzimt.

Sobald das Gemisch kocht, mischen wir die gehackten Mandeln unter und tauchen das in Scheiben geschnittene Brot ein, damit es sich vollsaugt. Die Scheiben auf einem Tablett oder Blech anordnen und mit dem Rest des Gemisches übergießen.

Das Honigbrot erkalten lassen und als Nachtisch servieren.

TORTILLAS DE CARNAVAL
(Karnevalsomelette)

Zutaten

6 Eier, 1/2 l Milch, 250 g Zucker, Mehl, geriebene, grüne Zitronenschale, Anis und gemahlener Zimt.

Zubereitung

Die Eiweiße zu festem Eischnee schlagen und langsam den Zucker einrieseln lassen.

Die Eigelbe, Milch, Zitronenschale, 1/2 Teel. Anis und die gleiche Menge Zimt, sowie soviel Mehl, daß eine cremige Masse entsteht, zufügen. Gut rühren.

Etwas Öl in eine Pfanne gießen und, sobald es heiß ist, die Masse eingießen. Von beiden Seiten goldbraun backen. Es entsteht eine Art 2 cm dicker Pfannkuchen.

Das Omelette wird noch schmackhafter, wenn man es vor dem Servieren mit Honig bestreicht.

TORTAS DE CALABAZA
(Kürbispfannkuchen)

Zutaten

250 g Kürbis, 1 kleines Glas Milch, 1 kleines Glas Zucker, 2 Eier, geriebene, grüne Zitronenschale, Zimt und Anis.

Zubereitung

Den geschälten, in kleine Stücke geschnittenen Kürbis mit etwas Wasser aufsetzen und garen. Sobald er weich ist, mit einer Gabel zerdrücken und mit den geschlagenen Eiern, der Milch, dem Zucker, der Zitronenschale, Zimt und Anis mischen.

In die Pfanne mit Olivenöl, dem wir zuvor ein Stück Orangen oder Zitronenschale beigefügt haben, löffelweise die Masse eingeben und zu kleinen goldgelben Pfannkuchen ausbraten.

POLVORONES
(Pulverkekse)

Zutaten

500 g Zucker, 500 g Schweineschmalz, 1 kg Mehl, gemahlener Zimt, geriebene, grüne Zitronenschale und etwas gemahlenen Anis.

Zubereitung

Alle Zutaten in eine Schüssel geben und mit den Händen kneten, bis ein glatter, einheitlicher Teig entsteht. Zum Formen der "polvorones" nehmen wir etwas Teig, drehen eine Kugel und drücken diese flach, in Keksform.

Wir setzen die Kekse auf ein mit Butter oder Schmalz gefettetes Blech und backen sie goldgelb aus.

Aus den gleichen Zutaten und Mengen können wir auch mürbe Schmalzkekse, **mantecados**, backen, wir müssen dem Teig nur noch 6 Eier zufügen.

LECHE ASADA
(Gebackene Milch)

Zutaten

1/2 l Milch, 4 Eier, geriebene, grüne Zitronenschale, gemahlener Zimt, 3 Essl. Zucker und etwas Salz.

Zubereitung

Die Eier werden wie für ein Omelett geschlagen, dann fügt man nach und nach die Milch, die Zitronenschale, etwas Zimt, den Zucker und etwas Salz zu. Man füllt diese Mischung in ein mit Butter gefettetes, ofenfestes Blech, das vorzugsweise in eine größere, mit Wasser gefüllte, Form gesetzt wird, und gart das Ganze im Ofen, bis die Masse fest wird.

Eine sehr leckere Variante dieses Rezepts besteht darin, außer der frischen Milch noch 2 Dosen gezuckerte Kondensmilch zu verwenden. Wird als Nachtisch serviert.

Feinschmecker bestreichen die ‘leche asada’ gern mit Palmhonig.

BUÑUELOS DE QUESO
(Käsebällchen)

Zutaten

250 g Mehl, 100 g Zucker, 250 g harter, geriebener Käse, 2 Eier und Backpulver.

Zubereitung

Wir vermischen zunächst das Mehl mit dem Zucker und dem Backpulver. Dann fügen wir den geriebenen Käse und die geschlagenen Eier zu und rühren solange, bis eine glatte Masse entsteht.

Mit einem Löffel stechen wir kleine Bällchen aus dem Teig und backen diese in Öl schwimmend aus.

Wir servieren die Bällchen mit Sirup oder Honig bestrichen.

TORTA DE VILANA
(Vilana-Torte)

Zutaten

300 g Kartoffeln, 500 g Zucker, 250 g Mehl, 200 g Schweineschmalz, 1 Essl. Butter, 2 Essl. Paniermehl, 300 g Mandeln, 8 Eier, 250 g Rosinen, gemahlener Zimt, geriebene, grüne Zitronenschale, Anis, 1 Päckchen Backpulver, Muskatnuß und etwas Öl.

Zubereitung

In eine Schüssel geben wir die Eier, den Zucker, die gekochten und zerdrückten Kartoffeln und das Paniermehl und zerkneten alles mit den Händen. Dazu geben wir die Hälfte der geschälten und gemahlenen Mandeln, die entstiehlten Rosinen, das Mehl, etwas Schweineschmalz, Zimt, Muskatnuß, Zitronenschale, einen Teel. Anis, das Backpulver und die Butter und kneten den Teig fertig. Der Teig darf nicht zu fest, aber auch nicht zu flüssig ausfallen.

Ein Blech wird mit Pergament- oder Backpapier ausgelegt und mit Schmalz und etwas Öl eingefettet und mit Mehl bestäubt. Das Blech flach ausgießen und mit den geschälten, ganzen oder halbierten Mandeln garnieren.

Ca. 1 Stunde im Ofen backen, zunächst auf hoher Flamme, bis zum Aufgehen des Teiges, danach kann man die Flamme etwas verkleinern. Die Torte ist fertig, wenn an einer zuvor eingestochenen Stricknadel kein Teig mehr kleben bleibt.

MARQUESOTES
(Rührteig-Ecken in Sirup)

Zutaten

5 Eier, 300 g Zucker, 300 g Mehl, Backpulver, geriebene, grüne Zitronenschale und gemahlener Zimt.

Für den Sirup: 200 g Zucker und 1/2 Glas Wasser.

Zubereitung

Die Eigelbe trennen und die Eiweiße zu festem Schnee schlagen. Unter ständigem Rühren den Zucker einrieseln lassen und die Eigelbe zufügen.

Dann das Mehl, das Backpulver und den Zimt unterrühren, bis ein glatter Teig entsteht.

Wir füllen den Teig auf ein gefettetes Blech (milana) und backen ihn bei mittlerer Hitze bis an einer eingestochenen Stricknadel kein Teig mehr kleben bleibt.

In der Zwischenzeit bereiten wir den Sirup zu, indem wir 1/2 Glas Wasser aufs Feuer setzen und sobald es warm ist, 200 g Zucker darin lösen und dann erhitzen. Die abgeriebene Zitronenschale zufügen und solange unter Rühren erhitzen, bis der Sirup dickflüssig ist.

Den Kuchen in rautenförmige Stücke schneiden und mit Sirup übergießen.

Man kann diese Spezialität auch anders zubereiten, indem man anstelle des Sirups eine Baisermasse zubereitet (einen Eßl. Zucker auf ein steif geschlagenes Eiweiß) und diese auf die Rauten spritzt. Den Kuchen nochmals auf kleiner Flamme in den Ofen schieben, bis die Baisermasse trocknet.

BIZCOCHON
(Kanar. Biskuit)

Zutaten

6 Eier, 2 Tassen Zucker, knapp 2 Tassen Mehl, 1/2 Tasse Speiseöl, 1/2 Tasse Milch, 1 Päckchen Backpulver, 1 geriebene, grüne Zitronenschale und gemahlener Zimt.

Zubereitung

Das Eiweiß aller Eier zu steifem Schnee schlagen und nach und nach die Eigelbe, den Zucker, bis er sich löst, das Mehl, das Öl und die Milch unterrühren.

Weiter gut rühren und zum Schluß die abgeriebene Zitronenschale, das Backpulver und den Zimt dazugeben.

Den Teig in eine gefettete Rührteigform füllen und backen. Der Bizcochón ist fertig, wenn an einer in den Teig eingestochenen Stricknadel nichts mehr kleben bleibt.

Kann auch in Schichten geschnitten und mit üblicher Tortenfüllung oder Cabello de ángel bestrichen werden.

PAN DE ALMENDRAS
(Mandelbrot)

Zutaten

500 g Mandeln, 750 g Zucker, 250 g Mehl, 6 Eier, 1 l Milch, Backpulver, gemahlener Anis, Zimt und die geriebene Schale einer grünen Zitrone.

Zubereitung

Die Mandeln schälen und mahlen. Den Mandeln den Zucker, das Mehl und die geschlagenen Eier sowie die Milch hinzufügen und verrühren. Zum Schluß das Backpulver, etwas gem. Anis, Zimt und die geraspelte Zitronenschale dazugeben.

Den Teig in eine gefettete Form füllen und goldgelb ausbacken.

QUESADILLAS
(Käsekuchen)

Zutaten

1 kg frischen Ziegenkäse ohne Salz, 250 g Mehl, 500 g Zucker, 3 Eier, gemahlenen Zimt, die geriebene Schale einer Zitrone und etwas Anis.

Zubereitung

Den feinzerdrückten Käse mit dem Zucker, dem Mehl und den geschlagenen Eiern verrühren. Zum Schluß fügen wir den Zimt, die Zitronenschale und etwas Anis bei.

Aus Mehl und wenig Wasser bereiten wir einen Knetteig zu, den wir mit dem Nudelholz sehr dünn ausrollen und in einer Form auslegen.

Den Teig in die Form füllen und goldbraun ausbacken.

TRUCHAS
(Batata-Teigtaschen)

Zutaten

Für die Füllung: 500 g Bataten (Süßkartoffeln), 250 g geschälte und gemahlene Mandeln, 1 kleines Glas Puderzucker, 3 Eigelb, Anis, Rum, gemahlener Anis und gemahlener Zimt, Zitronenschale.

Für den Blätterteig: 3 Eßl. Schmalz, 1 kleines Glas Speiseöl und 500 g Mehl

Zubereitung

Füllung: Die gekochten und zerdrückten Bataten mit den Mandeln, der Zitronenschale, dem Zucker, dem Eigelb, einem Schuß Anislikör und einem Schuß Rum und je einem Teel. gem. Zimt und Anis verkneten.

Blätterteig:

Schmalz, Öl und Mehl zu einem Teig verkneten und eine Stunde kühl ruhen lassen. Auf bemehlter Arbeitsfläche sehr dünn ausrollen und runde Formen ausstechen. Auf jeden Kreis etwas Füllung legen und mit Hilfe einer Gabel zuklappen und die Ränder gut andrücken. Die Taschen dann in Fett schwimmend ausbacken und mit Zucker bestäuben.

Zum Aufbewahren in Blechdosen verschließen.

QUESO DE ALMENDRAS
(Mandelkäse)

Zutaten

500 g Mandeln, 500 g Zucker, 8 Eigelb, 3 Eiweiß, 1 geriebene Zitronenschale, gemahlener Zimt und 1/4 l Wasser.

Zubereitung

Den Zucker in 1/4 l heißem Wasser lösen und unter Rühren weiterkochen, bis sich dicker Sirup bildet, kühl stellen. Das Eiweiß schlagen und mit dem Eigelb mischen.

Die Eiermasse zum Sirup geben und wieder aufkochen, dann die geschälten und gemahlenen Mandeln, die Zitronenschale und eine Löffelspitze Zimt untermischen.

Die Masse bei leichter Flamme ständig rühren, damit sie nicht am Topf festklebt, bis sie sich allmählich von den Topfseiten zu lösen beginnt. Den Topf vom Feuer nehmen und die Masse in eine gefettete Form gießen.

ALMENDRADOS
(Mandelmakronen)

Zutaten

1 kg Mandeln, 1 kg Zucker, 5 Eier, 1 grüne Zitrone, gemahlener Zimt und Schmalz.

Zubereitung

Die Mandeln schälen und mahlen. Der Reihe nach Mandeln, Zucker, die gerschlagenen Eier, geriebene Zitronenschale, den Zitronensaft und einen Teel. Zimt in eine Schüssel geben und gut rühren.

Mit einem Löffel kleine Häufchen auf ein mit Schmalz gefettetes Blech setzen und im Ofen goldbraun backen.

BIENMESABE

("Bienmesabe")

Zutaten

500 g Mandeln, 750 g Zucker, 1/2 l Wasser, 8 Eigelb, gemahlener Zimt und grüne, geriebene Zitronenschale.

Zubereitung

Wir schälen und mahlen die Mandeln. Danach bereiten wir folgendermaßen einen 'almíbar': 1/2 l Wasser erhitzen und den Zucker einrühren. Wir erhitzen die Flüssigkeit unter ständigem Rühren weiter, bis sich ein flüssiger Sirup, almíbar, bildet.

Diesem 'almíbar' fügen wir die Mandeln, die Zitronenschale und etwas Zimt zu und lassen die Masse weiter auf der Flamme, bis sie sich unter ständigem Rühren verdickt.

Nun lassen wir die Masse erkalten und heben 8 geschlagene Eigelb darunter, woraufhin wir sie wieder auf's Feuer stellen und bis zum Siedepunkt erhitzen.

Bei einigen Rezepten werden die Mandeln vor der Verarbeitung noch geröstet.

Man serviert das Mandel-Dessert kalt.

RAPADURAS
(Süßigkeit aus gofio)

Zutaten

1 l Zuckerrohrsirup, 500 g Zucker, 250 g Mandeln, 1 geriebene Zitronenschale, Anis, gemahlenen Zimt und gofio (nach Bedarf).

Zubereitung

Auf kleiner Flamme verrühren wir den Zuckerrohrsirup, den Zucker, Zimt, Zitronenschale und Anis und bringen die Mischung unter ständigem Rühren zum Kochen.

Danach nehmen wir die Mischung von Feuer, wobei wir weiterrühren, damit die Masse nicht gerinnt. Sobald die Masse glatt ist und zu erkalten beginnt, mischen wir die geschälten, gerösteten und gemahlenen (oder gehackten) Mandeln und soviel gofio unter, bis sich ein dicker Teig formt.

Wir rühren die Masse nochmals und füllen sie in trichterförmige, mit Butter gefettete Aluminiumformen.

Sobald die Masse völlig erkaltet ist, können wir sie aus den Formen lösen und die “rapaduras” sind fertig.

GOFIO DE ALMENDRAS
(Gofio mit Mandeln)

Zutaten

2 kg 'gofio' (halb von Weizen, halb von Mais), 500 g Honig, 250 g Schmalz, 5 geriebene Zitronenschalen, 500 g Mandeln, 1/4 l Wein.

Zubereitung

Wir mahlen die Mandeln und rösten sie zusammen mit der Zitronenschale in einer Pfanne, dabei achten wir darauf, daß dies nicht zu lange geschieht, da die Zitronenschale einen bitteren Geschmack abgeben könnte.

Dieser Paste fügen wir ein Glas Wein und die gleiche Menge Wasser (oder je nach Geschmack etwas mehr) zu und erhitzen das Ganze. Mit einem Holzlöffel ständig rühren und nach und nach den Honig, das Schmalz und den 'gofio' zufügen. Ständig weiterrühren, damit die Mase glatt bleibt.

Nach dem Erkalten werden kleine Bällchen geformt, die sich in einem geschlossenen Behälter gut aufbewahren lassen.

GALLETAS DE NATA
(Sahnekekse)

Zutaten

1 Tasse Sahne von Ziegen- oder Kuhmilch, (wenn nicht vorhanden, Dosensahne), 2 kg Mehl, 500 g Zucker, 1 Tasse Schmalz, 1/2 Tasse Speiseöl, 1 Päckchen Butter, 6 Eigelb, 3 Eiweiß, gemahlener Zimt, 1 Teel. Anis, geriebene, grüne Zitronenschale und einen Essl. doppelkohlensaures Natron (bicarbonato).

Zubereitung

Alle Zutaten in einer großen Schüssel zu einem glatten Teig verkneten.

Die Masse mit einem Nudelholz oder einer Flasche ein bis zwei cm. dick ausrollen und Kekse in der gewünschten Form ausstechen.

Auf einem mit gefettetem Papier ausgelegten Backblech backen, bis die Kekse eine goldbraune Farbe annehmen.

ARROPE
(Weintraubenlikör)

Zutaten

Traubenmost.

Zubereitung

Aus frischem Weintraubenmost läßt sich ein sehr wohlschmeckender Likör gewinnen.

Wir erhitzen den Most und lassen ihn einkochen, was eine geraume Zeit in Anspruch nimmt. Ab und zu muß der Most gerührt werden, damit er nicht ansetzt.

Der Likör schmeckt sehr gut mit 'gofio' verknetet.

MEJUNJE
(Gewürzter Rum)

Zutaten

1 l Rum, 250 g brauner Zucker, 5 Essl. Honig, 2 Scheiben grüne Zitrone, gemahlener Zimt und einige Blätter von wilder Minze.

Zubereitung

Wir mischen den Zucker mit dem Rum, bis er sich vollständig gelöst hat. Nun fügen wir die Minze, den Honig, einige Zitronenscheiben und etwas Zimt bei und lassen die Mischung in einem verschlossenen Behälter stehen.

Nach einer Woche filtern wir den Likör und ziehen ihn unter Beifügung einiger Blätter wilder Minze auf Flaschen.

HUEVOS ESPIRITUALES
(Geistliche Eier)

Zutaten

2 Eigelb, 1/2 l alten Wein oder Schnaps, 100 g Zucker, Zitronenschale und gemahlener Zimt.

Zubereitung

Die Eigelb schlagen und nach und nach Wein, Zucker, Zimt und Zitronenschale zufügen.

Gut umrühren, bis sich aller Zucker gelöst hat. Unter ständigem Umrühren erhitzen und vom Feuer nehmen, bevor die Flüssigkeit zu kochen beginnt.

Abkühlen lassen und wie Eierlikör servieren.

LICOR DE RUDA
(Rautenlikör)

Zutaten

1 kg Zucker, 1 l Schnaps, 1/2 l Wasser, 2 oder 3 Zweiglein Raute, Zitronenschale und gemahlener Zimt.

Zubereitung

Die Raute, den Schnaps, die Zitronenschale und Zimt 3 Tage lang in einem verschlossenen Kristallgefäß ziehen lassen. Danach aus 1kg Zucker und 1/2 l Wasser einen dicken Zuckersirup zubereiten und zu dem vorbereiteten Schnaps gießen. Die Mischung durchseihen und in Flaschen füllen.

LICOR DE CAFE
(Kaffeelikör)

Zutaten

500 g gemahlener Kaffee, 1 l Schnaps, 3/4 l Wasser, 750 g Zucker, 1 Sträußchen Zitronenstrauch.

Zubereitung

Wir vermischen den Kaffee mit Schnaps und lassen ihn zusammen mit der Melisse 2 Wochen lang in einem Kristallgefäß stehen.

Danach bereiten wir aus Zucker und Wasser einen Sirup und gießen diesen, sobald er erkaltet ist, zum Schnaps und lassen die Mischung nochmals 2 Wochen ruhen.

Zum Schluß filtern wir ihn und ziehen ihn auf Flaschen.

LICOR DE LECHE

Milchlikör

Zutaten

1 l reiner Alkohol, 1 kg Zucker, 1 l Milch, 1 großes Glas Wasser, Zitronenscheiben und Stangenzimt.

Zubereitung

Wir stellen einen Zuckersirup aus dem Wasser und dem Zucker her. Sobald er dickflüssig ist, stellen wir ihn zum Erkalten. Dann rühren wir die Milch, den Alkohol, 3 Scheiben Zitrone und etwas Zimt unter.

Nun lassen wir die Mischung zwei Wochen stehen, filtern sie und füllen sie in Flaschen.

MISTELA
(Orangenlikör)

Zutaten

1 l weißer Rum oder Schnaps, 4 kanarische Orangen, 1 oder 2 Päckchen Anis, 2 Stangen Zimt, 1 l Wasser und 1 kg Zucker.

Zubereitung

Wir schälen die Orangen sehr dünn und fügen zu den Schalen den Anis, Zimt und den Schnaps zu. Die Mischung muß vierzehn Tage in einem verschlossenen Glasbehältnis ziehen.

Danach stellen wir aus einem Liter Wasser und dem angegebenen Zucker einen dickflüssigen Sirup her und vermischen ihn, sobald er erkaltet ist, mit der Schnapsmischung. Filtern und auf Flaschen ziehen.

LICOR DE BERROS
(Kresselikör)

Zutaten

1 l Schnaps oder reinen Alkohol, 250 g Kresse, 1 kg Zucker und 1/2 l Wasser.

Zubereitung

Die Kresse gut waschen und in einen verschlossenen Glasgefäß, mit dem Schnaps vermischt, ca. eine Woche stehen lassen.

Nach Ablauf dieser Zeit bereiten wir aus 1 kg Zucker und 1/2 l Wasser einen dickflüssigen Sirup und mischen diesen unter den Schnaps.

Wir filtern die Flüssigkeit und füllen sie in Flaschen. Es ist ratsam, den Likör noch einige Tage vor dem Genuß durchziehen zu lassen.

Inhaltsverzeichnis

CENTRO DE LA CULTURA POPULAR CANARIA
(Zentrum für Volkstümliche Kanarische Kultur)

Das Zentrum für volkstümliche Kanarische Kultur ist eine selbstständige, kulturelle Bewegung, deren Hauptanliegen ist die Kultur überall auf den Kanarischen Inseln zu verstärken und weiter zu entwickeln.

Die grundlegende Aufgabe des Zentrums f. volkst. Kanarische Kultur besteht gegenwärtig in der Zusammenarbeit mit Bürgerinitiativen sowie privaten und öffentlichen Organisationen zwecks Durchführung von kulturellen Aktivitäten, Herausgabe von Büchern, Schallplatten, Kassetten und der Förderung von Gruppen und Einzelpersonen, die die Kanarische Kultur erst möglich machen.

Das Zentrum für volkstümliche Kanarische Kultur repräsentiert seine Mitglieder vor allen Organismen und Initiativen Zwecks Programmierung von Verantstaltungen von ausschliesslich kulturellem Charakter.

Mitglieder des Zentrums sind Vertreter aus verschiedenen kulturellen Bereichen: Folklore, Theater, Musik, Gesang, Kino, Fotografie, Poesie, Humor, Ausstellungen, Konferenzen,...

Jeder der etwas zur Hebung der Kanarischen kultur beitragen möchte ist herzlich willkommen. Unsere Anschrift:

TENERIFE: C/ Daute, esq. Cruz de Candelaria, s/n. 38203, La Laguna. Tfnos.: 922 82 78 00 / 82 20 00. Fax: 922 82 78 01.

GRAN CANARIA: C/ Pedro de Vera, 7. 35003, Las Palmas de Gran Canaria. Tfno.: 928 39 00 80. Fax: 928 39 00 67.